Mojud
O Homem com a Vida Inexplicável

OSHO

Mojud
O Homem com a Vida Inexplicável

Tradução:
Nisargan

Copyright © 1978, 2009, OSHO International Foundation. www.osho.com/copyrights
Direitos autorais das imagens/arte de Prem Puja; © OSHO International Foundation.
© 2022, Madras Editora Ltda.
Direitos de edição e tradução para todos os países de língua portuguesa.
Todos os direitos reservados.
Título original em inglês: **Mojud: The Man With The Inexplicable Life.**
Este livro é uma transcrição de um trecho de uma série de palestras originais chamada *Wisdom of the Sand*, vol.2, dadas por Osho a uma plateia ao vivo. Todas as conversas de Osho foram publicadas na íntegra como livros e também estão disponíveis como gravações de áudio originais. As gravações de áudio e o arquivo de texto completo podem ser encontrados através da Biblioteca OSHO on-line em www.osho.com
OSHO® é uma marca registrada da Osho International Foundation, <www.osho.com/trademarks>.

Editor:
Wagner Veneziani Costa (*in memoriam*)

Produção e Capa:
Equipe Técnica Madras

Tradução:
Nisargan

Revisão:
Ana Paula Luccisano

**Dados Internacionais de Catalogação na Publicação
(CIP) (Câmara Brasileira do Livro, SP, Brasil)**

Osho
Mojud: o homem com a vida inexplicável/Osho ; [tradução Nisargan]. – São Paulo, SP: Madras Editora, 2022.
Título original: Mojud.

ISBN 978-65-5620-041-5

1. Espiritualidade 2. Meditação 3. Osho – Ensinamentos I. Título.

22-105676   CDD-299.93

Índices para catálogo sistemático:
1. Meditação: Ensinamentos de Osho: Religiões de natureza universal 299.93
Eliete Marques da Silva – Bibliotecária – CRB-8/9380

É proibida a reprodução total ou parcial desta obra, de qualquer forma ou por qualquer meio eletrônico, mecânico, inclusive por meio de processos xerográficos, incluindo ainda o uso da internet, sem a permissão expressa da Madras Editora, na pessoa de seu editor (Lei nº 9.610, de 19.2.98).

Todos os direitos desta edição, em língua portuguesa, reservados pela

MADRAS EDITORA LTDA.
Rua Paulo Gonçalves, 88 — Santana
CEP: 02403-020 — São Paulo/SP
Tel.: (11) 2281-5555 - (11) 98128-7754
www.madras.com.br

A Jornada
Mojud:
O Homem com a Vida Inexplicável

O conto **O comentário**

12. Acreditando no impossível,
    o impossível toma-se possível.. 49
16. Todo homem é um homem
    de brilhantes perspectivas, porque todo homem tem
    Deus como seu florescimento supremo 63
20. A crença floresce a partir do coração............................. 73
26. Estou falando sobre a correnteza
    da consciência interna 85
32. Você está aqui para aprender
    os caminhos da confiança... 91
36. Somente ao vivê-lo você o conhecerá 97
40. A própria vida torna-se a mestra 103
44. A espiritualidade é uma dádiva. Ela surge para
    aqueles que confiam, ela acontece para aqueles
    que amam, e que amam imensamente........................... 107

Apêndice Um 113
Apêndice Um (continuação)... 114
Sobre Osho 115
Sobre o Resort de Meditação.. 117

* * *

Este é *Seu* Conto

Dedicado
ao Abençoado

Obrigado por compartilhar sua visão e seu *insight*

Mojud:
O Homem com a Vida Inexplicável

Um antigo conto sufi com comentários de
Osho

"O conto que vamos comentar hoje é um dos mais notáveis. E tem aquela fragrância especial que somente um conto sufi pode ter. Ele é incomparável.
Se você puder entender este conto, terá entendido o próprio segredo da religião. Se não puder entendê-lo, não será capaz de entender a religião, de modo algum."

"Então fique centrado. Torne-se integrado durante estes poucos momentos. Ouça o mais totalmente possível, torne-se seus ouvidos. Esteja presente. Algo de imenso valor está sendo comunicado por meio deste conto."

Mojud:
O Homem com a Vida Inexplicável

UM
*Acreditando no impossível,
o impossível torna-se possível*

Havia um homem chamado Mojud.
Ele vivia numa cidade
onde obteve um pequeno posto numa repartição pública, e parecia provável que terminaria seu dias como inspetor de Pesos e Medidas.

Um dia, quando estava caminhando
pelos jardins de uma antiga construção,
perto de sua casa,
Khidr, o misterioso guia
dos sufis, apareceu para ele,
vestido num verde reluzente.
Khidr disse: "Homem de brilhantes perspectivas!
Deixe seu trabalho e encontre-me na beira do rio
dentro de três dias".
E então desapareceu.

Khidr... vestido num verde reluzente...

Mojud:
O Homem com a Vida Inexplicável
DOIS
*Todo homem
é um homem de brilhantes perspectivas,
porque todo homem tem Deus como seu
florescimento supremo*

Mojud, trêmulo, foi até seu superior dizendo que tinha de partir.
Todos da cidade
logo ficaram sabendo disso e comentaram:
"Pobre Mojud! Ele enlouqueceu". Mas, como havia muitos candidatos para seu emprego,
logo o esqueceram.

No dia marcado,
Mojud encontrou-se com Khidr,
que lhe disse:
"Rasgue suas roupas
e atire-se na correnteza.
Talvez alguém o salve".

Mojud assim o fez,
mesmo suspeitando
ter enlouquecido.

Rasgue suas roupas e atire-se na correnteza..

Mojud:
O Homem com a Vida Inexplicável

TRÊS

*A crença floresce
a partir do coração*

Como sabia nadar,
não se afogou,
mas foi levado para bem longe,
até que um pescador o puxou
para seu barco, dizendo:
"Homem tolo!
A correnteza está forte.
O que está tentando fazer?"
Mojud respondeu:
"Eu, na verdade, não sei".

Um pescador o puxou para seu barco...

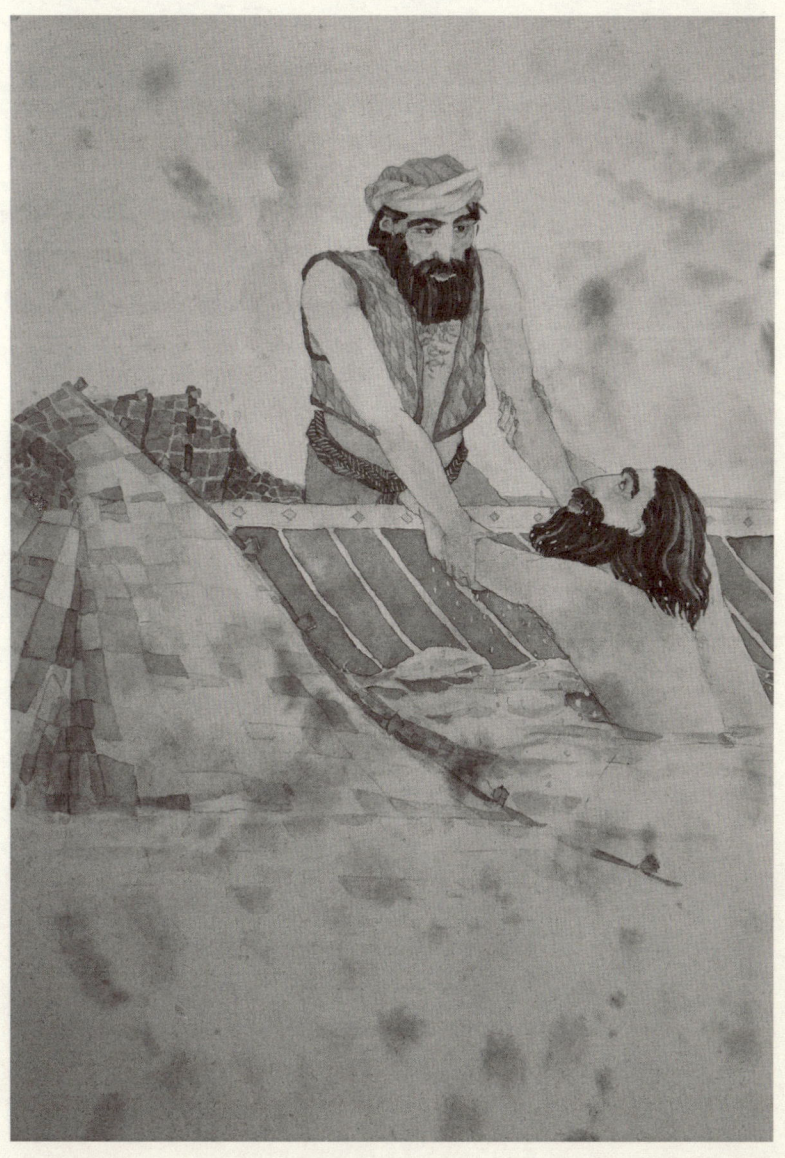

eu o levarei para minha palhoça ao longo do rio...

"Você é louco",
   disse o pescador,
"mas o levarei
para minha palhoça
ao longo do rio,
e veremos o que pode
ser feito
por você".

Quando descobriu
que Mojud era instruído,
aprendeu a ler e a escrever com ele.
Em troca, Mojud ganhava comida
e ajudava o pescador
em seu trabalho.

Depois de alguns meses,
Khidr novamente apareceu,
desta vez
aos pés da cama de Mojud,
e disse:
"Levante-se agora
e deixe este pescador.
Suas necessidades serão supridas".

Mojud:
O Homem com a Vida Inexplicável
QUATRO
*Estou falando sobre a correnteza
da consciência interna*

Mojud imediatamente
abandonou a palhoça,
vestido como um pescador,
e perambulou até chegar
a uma estrada.

Quando começou a amanhecer,
viu um fazendeiro montado num burro,
a caminho do mercado.
"Você procura trabalho?",
perguntou o fazendeiro,
"porque preciso de um homem
para me ajudar a trazer
de volta algumas compras".

quando começou a amanhecer, viu um fazendeiro montado num burro...

M ojud o seguiu.
Trabalhou para o fazendeiro
por aproximadamente dois anos
e, durante esse tempo,
aprendeu muito sobre agricultura,
mas pouco sobre outras coisas.

Uma tarde, quando estava
enfardando lã,
Khidr apareceu para ele, dizendo:
"Deixe esse trabalho,
vá para a cidade de Mosul
e use suas economias para se tornar
um comerciante de peles".

Mojud lhe obedeceu.

Mojud:
O Homem com a Vida Inexplicável

CINCO
*Você está aqui para aprender
os caminhos da confiança*

Em Mosul ficou conhecido como comerciante de peles, nunca vendo Khidr durante os três anos em que exerceu seu comércio.

em Mosul ficou conhecido como comerciante de peles...

a distante Samarkand...

Havia economizado
uma grande soma em dinheiro
e estava pensando
em comprar uma casa,
quando Khidr apareceu
e disse: "Dê-me seu dinheiro,
saia desta cidade
e caminhe até a distante Samarkand,
e lá trabalhe para um merceeiro".
Mojud assim o fez.

Mojud:
O Homem com a Vida Inexplicável
SEIS
Somente ao vivê-lo você o conhecerá

Logo começou
a mostrar indiscutíveis sinais
de iluminação.
Curava os doentes,
ajudava seu companheiro na loja
durante suas horas vagas
e seu conhecimento dos mistérios tornava-se cada
vez mais profundo.

logo começou a mostrar indiscutíveis sinais de iluminação...

S acerdotes, filósofos e outros que o visitavam perguntavam:
"Com quem você estudou?"

"É difícil dizer", respondia Mojud.

Mojud:
O Homem com a Vida Inexplicável
SETE
A própria vida torna-se a mestra

Seus discípulos perguntavam:
"Como você começou sua carreira?"

Ele respondia:
"Como funcionário público". "E você abandonou o cargo para se dedicar à automortificação?"

"**N**ão, simplesmente abandonei."
Eles não o compreendiam.

Pessoas aproximavam-se dele
para escrever a história de sua vida.

enquanto enfardava lã...

"O que você fez na vida?",
eles perguntavam.
"Pulei num rio,
tornei-me pescador,
depois deixei sua palhoça
no meio da noite.
Então, tornei-me camponês.
Enquanto enfardava lã,
mudei e fui para Mosul,
onde me tornei comerciante de peles.
Lá, economizei algum dinheiro,
mas me desfiz dele.
Então caminhei para Samarkand
onde trabalhei para um merceeiro.
E aqui estou agora."

Mojud:
O Homem com a Vida Inexplicável

OITO

*A espiritualidade é uma dádiva.
Ela surge para aqueles que confiam,
ela acontece para aqueles que amam,
e que amam imensamente*

"Mas esse comportamento inexplicável nada esclarece sobre suas estranhas dádivas e maravilhosos exemplos", disseram os biógrafos.

"Isso é verdade", disse Mojud.

Então os biógrafos
construíram para Mojud
uma maravilhosa e excitante história;
porque todos os santos
devem ter suas histórias, e a história
deve ser de acordo com o
apetite do ouvinte,
e não com a realidade da vida.

E a ninguém é permitido
falar diretamente de Khidr.
É por isso que este conto
não é verdadeiro.
Esta é uma representação de uma vida.
Esta é a vida real
de um dos maiores sufis.

Na manhã
de 2 de março de 1978,
na Osho International University of Mysticism", em Puna,
Índia,
Osho
sentou-se
com seus discípulos e proferiu
o seguinte discurso sobre um antigo conto sufi,
"Mojud:
O Homem com a Vida Inexplicável"

Mojud:
O Homem com a Vida Inexplicável
UM

*Acreditando no impossível,
o impossível torna-se possível*

O conto que vamos comentar hoje é um dos mais notáveis. E tem aquela fragrância especial que somente um conto sufi pode ter. Ele é incomparável. Se você puder entender este conto, terá entendido o próprio segredo da religião. Se não puder entendê-lo, não será capaz de entender a religião, de modo algum.

Isto pertence à própria essência da consciência religiosa. Sem isto, não poderá haver transformação religiosa. Então, ouça este conto o mais atentamente possível. Deixe-o penetrar em seu ser. Ele pode abrir uma porta, pode provocar uma mudança tão radical em sua vida que talvez você nunca mais seja o mesmo. Mas o conto deve ser entendido muito minuciosamente, muito cuidadosamente, muito amorosamente, porque é uma estranha fábula.

Ele não é apenas uma história; os contos sufis não são apenas histórias. Não visam entretê-lo. Não são um mero passatempo. São estratégias de ensino. Indicam alguma coisa, mostram alguma coisa, apontam para alguma coisa. São indicadores, são setas em direção ao desconhecido, dedos apontando para a Lua. E lembre-se deste ditado sufi: "Não morda meu dedo, olhe para onde ele está apontando".

É muito fácil ficar entretido com tais contos, mas esse não é o propósito. Assim você perde o ponto. Eles são reflexos do além. Dizem aquilo que não pode ser dito e tentam expressar aquilo que é inexprimível. Eles não se referem à vida ordinária, ao mundano. Pertencem à mais profunda busca pela verdade, pertencem ao centro de seu ser. São belas estratégias.

Se você simplesmente prestar atenção, se meditar sobre o conto, paralelamente a ele algo mais começará a se revelar em seu ser. O conto está em um plano, mas a revelação está em outro, paralelamente a ele. Lembre-se, a menos que você comece a saborear esta revelação paralela, terá perdido o ponto. E é muito fácil perder o ponto. Nenhuma inteligência é necessária para se perder o ponto, qualquer pessoa estúpida pode fazê-lo. Mas para compreender... muita inteligência será necessária.

Então fique centrado. Torne-se integrado durante estes poucos momentos. Ouça o mais totalmente possível, torne-se seus ouvidos. Esteja presente. Algo de imenso valor está sendo comunicado por meio deste conto.

No livro *Through the Looking Glass*, de Lewis Carroll, há uma bela passagem:

> A rainha disse a Alice que estava num mundo no qual não podia acreditar: "Ouso dizer que você não tem muita prática. Ora, às vezes acredito em seis coisas impossíveis antes do café da manhã!"

Sim, este é o segredo deste conto. Lewis Carroll está comunicando algo de imenso valor. O segredo do conto é a arte de acreditar, a arte de confiar, a arte de dizer sim à existência. Acreditando no impossível, o impossível torna-se possível. Como isso acontece?

Na verdade, as coisas são impossíveis somente porque você não tem a coragem de acreditar. Cada pensamento pode tornar-se uma coisa, e tudo que acontece dentro da consciência pode criar sua realidade externa. Tudo que acontece exteriormente precisa primeiro acontecer interiormente. A semente está absorta no interior e a árvore manifesta-se no exterior.

Se você tem o coração que confia, nada é impossível – até mesmo Deus não é impossível.

Mas você precisa ter um coração confiante. Uma mente confiante não adiantará, porque estruturalmente a mente não pode confiar. Ela é incapaz de confiar. A mente só pode duvidar; a dúvida é natural para a mente, é intrínseca à mente. A cabeça nada pode fazer a não ser duvidar. Assim, se você começar a forçar crenças à cabeça, essas crenças só esconderão suas dúvidas. Nada acontecerá por meio delas. E é aí onde estão muçulmanos, cristãos, hindus, jainistas; a crença deles é mental – e a mente é incapaz de crer. Para a mente, crer não é possível; a mente pode apenas duvidar. A dúvida cresce da mente como as folhas crescem das árvores.

A crença surge no coração. O coração não pode duvidar, só pode confiar. Assim, a crença mental – acredito na Bíblia, acredito no Alcorão, acredito no *Das Kapital*, acredito em Mahavira, ou Moisés, ou Mao Tsé-Tung – é apenas um falso fenômeno. A cabeça pode apenas criar falsidades, substitutos. Você pode permanecer comprometido com elas, mas sua vida será desperdiçada. Você permanecerá numa terra árida, num deserto. Você nunca florescerá, nunca saberá o que é um oásis. Não conhecerá o menor contentamento, a menor celebração.

Assim, quando digo que crer pode tornar coisas impossíveis em possíveis, refiro-me a crer pelo coração – um coração inocente, o coração de uma criança que não sabe como dizer "não", que conhece apenas o sim – mas não o "sim" contra o "não".

Não que a criança diga "não" por dentro e "sim" por fora; isso é da cabeça. Essa é a maneira da cabeça; sim por fora, não por dentro, não por fora, sim por dentro. A cabeça é esquizofrênica. Nunca é total e una.

Quando o coração diz "sim", ele simplesmente diz "sim". Não existe conflito, não existe divisão. O coração está integrado com seu sim – essa é a verdadeira crença, confiança. E um fenômeno do coração. Não é um pensamento, mas um sentimento e, essencialmente, nem mesmo um sentimento, mas um estado de ser.

No início, a confiança é um sentimento; em seu florescimento final, é um estado de ser.

As chamadas "crenças" permanecem na cabeça, nunca se tornam seus sentimentos e não podem se tornar seu ser. E a menos que algo se torne seu ser, ele é apenas um sonho inútil. É um desperdício de energia.

Mas, para crer, é necessário arriscar. Você ficará surpreso ao saber disto: a dúvida é muito covarde. Comumente se ouve que as pessoas corajosas duvidam e que as covardes creem. Isso também é verdade, num certo sentido. A crença mental é covarde, e você conhece apenas os que creem mentalmente, assim isso corresponde à realidade. Se você entrar nas mesquitas, nas igrejas, nos templo, os encontrará cheios de covardes. Mas a crença real não é covarde, e sim uma grande coragem; ela é heroica.

A dúvida vem do medo; então como pode ser valente? A dúvida está enraizada no medo. Ela cresce porque existe um desejo ardente de defender a si mesmo, de proteger a si mesmo, de estar seguro. Você pode confiar somente se estiver pronto para penetrar na insegurança, no inexplorado, para navegar no desconhecido sem mapa algum. Confiança significa imensa coragem, e apenas uma pessoa corajosa pode ser religiosa, porque só uma pessoa corajosa pode dizer "sim".

Dúvida é defesa. E mesmo que você seja defendido por ela, você permanece estagnado, não pode se mover – porque cada movimento traz medo, porque cada movimento é um movimento para o desconhecido, para o não familiar. A dúvida é um subproduto do medo, lembre-se disso.

Então o que é crer? Crer é um subproduto do amor. Somente aqueles que sabem amar sabem crer. O amor vem do coração, e crença também. A dúvida vem da cabeça, e o medo também. A pessoa que vive na cabeça permanece covarde. Na verdade, por ser covarde, ela mora na cabeça. Ela tem medo de se mover para o coração porque nunca sabe onde ele a levará.

O coração é um aventureiro, o explorador dos mistérios, o descobridor de tudo que está oculto. O coração está sempre em peregrinação. Ele nunca se satisfaz... tem um descontentamento interno, um descontentamento espiritual. O coração nunca se acomoda em lugar algum. Está profundamente apaixonado pelo movimento, pelo dinamismo.

O coração somente se satisfaz quando chega ao supremo além do qual não há objetivo. O mundano não pode satisfazê-lo. O coração nunca é convencional, está sempre em revolução. Está sempre saltando de um estado a outro. Está sempre tateando, sempre arriscando. Está sempre disposto a arriscar tudo que tem pelo desconhecido. Seu desejo é conhecer aquilo que verdadeiramente é; e Deus nada mais é do que isto.

O coração anseia pela aventura, pelo perigo, pelo inexplorado, pelo desconhecido, pelo inseguro. Ele almeja a experiência oceânica; quer se dissolver, desaparecer na totalidade. A cabeça é receosa, receia morrer, desaparecer.

Quando o rio encarou o deserto, defrontando-se com ele, era a cabeça que dizia: "Não evapore. Senão, quem sabe onde você irá parar? Quem será você então? Sua identidade poderá ser eliminada para sempre. Pode ser que você não seja capaz de voltar a ser o que é hoje". Era a cabeça. Mas o coração entendeu o sussurro do deserto. Algo profundo no interior sentiu uma convicção: "Sim, este não é meu destino, ser apenas um rio perdendo-se no deserto. Tenho que ir além, tenho que arriscar. É perigoso e não há garantia". Mas no momento em que o rio começou a pensar em se arriscar, começou a captar impressões profundas de seu inconsciente; vislumbres e memórias começaram a surgir. Começou a sentir: "Sim, existe um lugar, uma experiência... Já estive antes nas mãos dos ventos também".

Quando você confia, seu inconsciente começa a revelar muitas coisas a você. Ele revela a si mesmo apenas para a mente confiante, para o ser confiante, para a consciência confiante. Religião é a fragrância dessa confiança... impecável, absoluta.

O ateísmo é um ato de fraqueza, de impotência. Ele é decadente. Uma sociedade torna-se ateísta somente quando está morrendo, quando perdeu o vigor e a juventude. Quando uma sociedade é jovem, viva e vigorosa, almeja o desconheci- do, anseia pelo perigo. Ela tenta viver perigosamente, porque essa é a única maneira de viver.

Gostaria que você ouvisse uma história:

Um dia um ateu estava caminhando por um penhasco quando escorregou e caiu no precipício. Durante a queda, conseguiu agarrar um galho de uma pequena árvore que crescia na fenda de uma rocha. Pendurado lá, balançando ao vento frio, percebeu que não havia esperança para sua situação; abaixo havia ásperos rochedos e não tinha como subir. Tornava-se cada vez mais difícil segurar o galho.

"Bem", pensou, "só Deus pode me salvar agora. Nunca acreditei em Deus, mas poderia estar enganado. O que tenho a perder?" Assim, gritou: "Deus! Se você existe, salve-me e acreditarei em você!" Não houve resposta.

Chamou outra vez: "Por favor, Deus, nunca acreditei em você, mas se me salvar, acreditarei em você de agora em diante".

Subitamente, uma estrondosa voz ressoou nas nuvens: "Você não acreditará! Conheço o seu tipo!"

O homem ficou tão surpreso que quase soltou o galho.

"*Por favor, Deus! Você está errado! É verdade o que estou dizendo! Eu acreditarei!*"

"*Não, você não acreditará! Isso é o que todos dizem!*"

"*O homem implorou e argumentou.*

Finalmente Deus disse: "Tudo bem, eu o salvarei.. Solte-se do galho".

"*Soltar-me do galho?!*", o homem exclamou. "*Pensa que sou louco?*"

O ateísmo é sempre covarde. A pessoa realmente corajosa com certeza se tornará religiosa, e a pessoa religiosa certamente é corajosa. Assim, se você encontrar uma pessoa religiosa covarde, então saiba que algo está errado. Uma pessoa covarde não pode ser religiosa. Sua religião nada mais é que uma defesa, uma armadura. Seu sim não está vindo do amor e da coragem, seu sim está vindo do medo. Se fosse possível dizer não, ela diria não. Seu sim está vindo porque a morte está presente, a doença está presente, o perigo está presente. Assim, ela pensa: "O que tenho a perder? Por que não crer? Por que não orar?"

Sua oração é falsa, sua oração nada mais é que uma expressão do medo. O medo a leva ao templo, à igreja e ao sacerdote.

Quando um homem é realmente corajoso, vai ao Mestre, não ao sacerdote. Não vai a uma igreja morta ou a um templo morto. Ele começa a tentar e a procurar algum fenômeno vivo. Vai a um Cristo, a um Buda ou a um Krishna, mas não vai a uma igreja, aos ortodoxos. Ele não vive no passado, mas se move no presente.

Etudo aquilo que faz vem da coragem. Se diz "Sim!", ele o diz pela coragem, pelo amor à existência, por uma profunda compreensão de que: "Sou parte deste todo; não estou separado".

Dizer "não" é dizer não às próprias raízes. Se a árvore diz não à terra, qual será seu destino? Ela estará cometendo suicídio. Se a árvore diz não ao sol, qual será seu destino? Ela estará cometendo suicídio. A árvore não pode dizer não ao sol, não pode dizer não à terra. Ela tem que dizer sim ao sol, à terra, aos ventos, às nuvens. Tem que permanecer continuamente numa atitude de sim. Só então pode florescer, permanecer verde e viva, crescer.

O homem está enraizado na existência. Dizer "não" é envenenar seu próprio sistema. Para quem você está dizendo não? Para sua própria terra, para seu próprio céu, para seu próprio sol. Você começará a ficar paralisado. A pessoa realmente corajosa olha ao redor, sente, vê que: "Sou parte desta totalidade". Percebendo isso, relaxa no sim, permanece no fluir. E pelo seu sim, está pronta a arriscar qualquer coisa, tudo que for necessário.

Soren Kierkegaard escreveu uma parábola:

> Havia um rei que amava uma humilde donzela. Esse rei era tão poderoso e bem-sucedido que não poderia desposá-la sem ser forçado a abdicar do trono. Se a desposasse, sabia que a tornaria grata para sempre. Ocorreu lhe, no entanto, que algo iria faltar na felicidade dela; ela iria sempre admirá-lo e ser-

lhe grata, mas não seria capaz de amá-lo, pois a desigualdade entre eles seria muito grande, e ela nunca seria capaz de esquecer sua humilde origem e sua dívida de gratidão.

Assim, decidiu de outra maneira: em vez de torná-la rainha, ele renunciaria ao trono. Ele se tornaria um cidadão comum e então lhe ofereceria seu amor. Fazendo isso, percebeu que estaria correndo um grande risco. Estaria fazendo algo que seria tolice aos olhos da maioria das pessoas de seu reino, talvez até aos olhos dela. Ele perderia o reinado e poderia também ser rejeitado por ela, especialmente se ficasse desapontada por não se tornar rainha. Mesmo assim decidiu correr o risco. Seria melhor achava ele arriscar tudo para tornar o amor possível.

Procurando, buscando Deus, a verdade, a felicidade suprema, surge várias vezes este momento – arriscar. Toda astúcia estará contra isso. A mente inteira estará contra isso. A mente dirá: "O que você vai fazer? Poderá ser rejeitado até mesmo pela mulher por quem está renunciando ao trono. Se ela estiver realmente interessada apenas em se tornar rainha, nunca mais olhará para você. E todo o reino pensará que você é tolo; e quem sabe, até ela poderá pensar que você é tolo". Mas o rei decidiu arriscar.

É melhor arriscar tudo. Se houver apenas uma possibilidade muito, muito pequena de obter amor, mesmo assim deve-se arriscar tudo. E deve-se arriscar tudo repetidamente, muitas vezes, antes que se alcance o amor supremo, Deus.

Comumente, procuramos e buscamos Deus apenas dentro de limites: aquilo que é permitido pelas nossas condições, sem nada arriscar. Você está ganhando dinheiro, está tendo sucesso na vida; pode dispensar uma hora para o templo ou para a meditação. De vez em quando pode orar também. Ou pelo menos durante a noite, antes de ir para a cama, pode repetir a mesma oração por dois minutos e cair no sono, e sentir-se muito bem porque está "praticando religião".

Religião não é praticar, é ser. Ou está presente por 24 horas em seu ser, espalhada por todo ele, ou não está, de forma alguma. Apenas uma oração noturna, antes de ir para a cama, é uma espécie de tapeação que você está fazendo consigo mesmo.

Esse tipo de religião parcial não ajuda. A pessoa tem que estar nela totalmente, e os covardes não podem fazer isso. Assim, deixe-me lembrá-lo: religião é apenas para os valentes, para os vigorosos, para aqueles que têm a alma forte. Não é para os fracos, não é para aqueles que estão sempre negociando. Não é para a mente negociante, é para os jogadores que podem arriscar.

Mojud:
O Homem com
a Vida Inexplicável
DOIS

Todo homem é um homem de brilhantes perspectivas, porque todo homem tem Deus como seu florescimento supremo

Agora o conto. Ele deve ser saboreado, experimentado, digerido pouco a pouco.

O título do conto: "O Homem com a Vida Inexplicável".

A vida é sempre inexplicável, se você a tem. Se você está realmente vivo, há algo tão misterioso sobre isso que não pode ser explicado de maneira alguma. Não há explicação. Se você pode explicar sua vida, simplesmente significa que está morto e não vivo. Se puder encontrar um homem que possa explicar sua vida do começo ao fim, lógica e sistematicamente, esteja certo de que ele pode ser um computador, uma máquina, mas não está vivo. Só coisas mortas podem ser explicadas do começo ao fim.

A vida é um mistério. Assim, sempre que alguém está vivo, esse alguém é misterioso. Sempre que você estiver perto de uma pessoa que esteja viva, sentirá algum mistério, algum fenômeno inexplicável. Você será tocado por algo que não pode decifrar: "Do que se trata?".

Você não pode ter nenhuma matemática da vida; a vida permanece intrinsecamente poética. É uma beleza a ser vista, não um fato a ser explicado.

Havia um homem chamado Mojud...

"Mojud" é uma bela palavra; significa duas coisas. Literalmente significa aquele que está presente. Mojud significa aquele que tem uma presença interna, que está atento, alerta, consciente. E o segundo significado vem do primeiro: aquele que vive no presente, que está presente ao presente.

Essas duas coisas são dois aspectos de um mesmo fenômeno. Se você está internamente presente, se tem uma presença de consciência, a segunda coisa acontecerá automaticamente – você estará presente ao presente. Não terá nenhum passado, não terá nenhum futuro, terá somente este momento. E este momento é vasto, é enorme, contém em si a eternidade.

Somente aqueles que vivem no presente, somente aqueles que estão presentes ao presente sabem o que é a eternidade, sabem o que é a vida imortal, conhecem o mistério, o mistério inexplicável.

Mas mesmo o conhecendo, você não pode explicá-lo a ninguém. Pode indicar, pode dizer como o alcançar, mas não pode dizer o que ele é. E não pode dizer porque ele é. Não existe um porquê; ele simplesmente está aí. A vida existe sem explicação alguma. Para ela o porquê não existe. Os filósofos insistem em perguntar: "Por quê? Por quê? Por quê?" E fabricam sistemas para responder o porquê, mas nem uma única resposta foi verdadeira, e nunca será verdadeira, porque você fez uma pergunta errada, nunca chegará à resposta correta. Uma pergunta errada o levará a respostas erradas. "Por quê?" é uma pergunta errada.

A ciência não pergunta "Por quê?". A religião também não pergunta "Por quê?". Religião é a ciência do interior; ciência é a religião do exterior.

Entre essas duas está a filosofia, exatamente entre essas duas. Ela pergunta "Por quê?", e torna-se muito emaranhada, muito confusa. O porquê não pode ser perguntado, não deveria ser perguntado.

Mesmo que você encontre alguma explicação para o porquê, a pergunta novamente terá de ser feita. "Por que este mundo existe?" Alguém diz: "Deus o criou". Então vem a pergunta: "Por que Deus o criou?" E então alguém pode responder: "Ele o criou por isso ou por aquilo". Então, também, a questão continua sendo relevante. Cada resposta simplesmente leva a uma outra questão, mas ela não é dissolvida.

Por quê?" é uma questão irrelevante. Com o porquê, você se move na filosofia. A religião não pergunta "Por quê?". Ela nem sequer pergunta "O quê?". Ela só pergunta uma coisa: "Como?". A ciência também pergunta "Como?". Assim, a ciência torna-se tecnologia e a religião torna-se ioga, tantra, sufismo, zen. Essas são tecnologias do mundo interior.

> *Havia um homem chamado Mojud. Ele vivia numa cidade onde obteve um pequeno posto numa repartição pública, e parecia provável que terminaria seus dias como Inspetor de Pesos e Medidas.*

É assim que milhares de pessoas terminam seus dias: como Inspetores de Pesos e Medidas. Alguém terminará como chefe de algum escritório antiquado, alguém terminará como chefe de estação, alguém terminará como homem de negócios, alguém terminará como professor; e todas essas coisas são simplesmente fúteis. E não estou dizendo para você não se tornar um chefe de estação, mas não pare aí. Mesmo que tenha se tornado Inspetor de Pesos e Medidas, o que conseguiu? O que obteve da vida? Qual é sua realização? Você viveu sem realmente viver. Você pode ter um nível de vida sem nenhuma vida nele.

Assim, as pessoas costumavam pensar que Mojud terminaria como Inspetor de Pesos e Medidas.

Mas Mojud era um tipo diferente de homem, porque tinha uma presença. Ele estava presente. Bem no fundo, sem ninguém perceber, devia estar meditando. Sua vida exterior era uma coisa, sua vida interior era outra. Devia estar se aprofundando cada vez mais no silêncio; seus pensamentos deviam estar desaparecendo – só assim pode-se estar presente.

Os pensamentos tiram você do presente. Tornam-se nuvens sobre seu ser, e você perde contato, torna-se desconectado do presente. Os pensamentos nunca são do presente, não podem ser do presente; são do passado ou do futuro.

Se esse homem era de fato um homem de presença, isso simplesmente significa que no fundo, durante a noite, quando todos dormiam, devia estar meditando, nada dizendo a ninguém. Devia estar observando. Estava atuando no mundo comum, mas devia haver uma testemunha, um observador. Esse observador, pouco a pouco, criou a presença nele. Ele tornou-se uma presença luminosa, por isso é chamado Mojud.

> *Um dia, quando estava caminhando pelos jardins de uma antiga construção, perto de sua casa, Khidr, o misterioso guia dos sufis, apareceu para ele...*

Agora, você tem que compreender isto: Khidr é apenas um nome, o nome para seu âmago mais profundo. Quando seu centro começa a sussurrar coisas para sua circunferência isso é Khidr. Quando seu ser fundamental começa a falar para seu ser não fundamental, quando a alma essencial fala para o não essencial, então Khidr está falando com você.

Essa é apenas uma metáfora; Khidr não é alguém de fora. Quando você se torna silencioso, quando se torna presente, quando se torna *mojud*... chega um momento em que o guia interno começa a falar com você. Esse guia interno é conhecido como Khidr.

Khidr apareceu para ele, vestido num verde reluzente.

Verde é a cor dos sufis. Representa vida: as árvores verdes, a vegetação. Representa frescor, vivacidade; representa silêncio, paz.

Os sufis escolheram o verde como sua cor simbólica. Apenas por olhar o verde... e você sente uma espécie de paz envolvendo-o. É por isso que é tão fascinante ir para as montanhas. Simplesmente estar numa floresta, circundado por árvores misteriosas, é imensamente significativo. Ela torna-o primitivo, primário outra vez. Recorda-o do silêncio primário das selvas. Recorda-o de que uma vez você também foi árvore, tão silencioso como as árvores e tão enraizado como as árvores. **Vestido num verde reluzente, Khidr apareceu.**

Khidr disse: "Homem de brilhantes perspectivas!"

Lembre-se, sempre que seu âmago mais profundo falar com você, sempre falará desta maneira: "Homem de brilhantes perspectivas" – porque nunca houve um homem que não tivesse brilhantes perspectivas. Pode ser que você não as realize – isso é outra coisa –, mas este é o seu destino. Você poderia tê-las realizado. Se falhou, a responsabilidade é toda sua. A semente estava aí, mas você não a ajudou a crescer. De outra forma, ela teria se tornado uma grande árvore, e milhares de pássaros teriam feito seus ninhos nela, milhares de viajantes teriam descansado sob sua sombra, flores teriam desabrochado e a existência teria celebrado por seu intermédio.

Se você não se tornar uma árvore, só você é responsável. A natureza providenciou tudo que é necessário. Todo homem é um homem de brilhantes perspectivas, porque todo homem tem Deus como seu florescimento supremo.

> *Khidr disse: "Homem de brilhantes perspectivas! Deixe seu trabalho e encontre-me na beira do rio dentro de três dias".*
> *E então desapareceu.*

Quando você se aprofundar em meditação, isso acontecerá muitas e muitas vezes... Chegará um momento em que sua circunferência e seu centro estarão muito próximos, não havendo barreira entre eles – nem mesmo uma cortina – e você ouvirá o centro forte e claramente.

E novamente você ficará enuviado – novamente os velhos hábitos, os pensamentos entrarão, congestionarão seus caminhos internos, e o centro e a circunferência ficarão distantes. Isso acontecerá muitas vezes para aqueles que estão à minha volta. Muitas vezes você chegará tão perto do centro que se sentirá quase iluminado. Sentirá que chegou, e isso mais uma vez será perdido. E natural.

Antes de se estabelecer para sempre, isso acontece muitas vezes. Antes que o *samadhi* supremo seja alcançado, milhares de *satoris* acontecem: pequenos vislumbres... a abertura da janela e outra vez seu fechamento. Subitamente a porta se abre e você tem a visão, uma experiência luminosa acontece e de novo se vai, e a escuridão se estabelece.

Mojud:
O Homem com a Vida Inexplicável
TRÊS

*A crença floresce
a partir do coração*

Mojud, trêmulo, foi até seu superior dizendo que tinha de partir.

E quando o centro falar para a circunferência pela primeira vez, você ficará perturbado, ficará em um constante tremor. Sentirá como se estivesse morrendo: "O que está acontecendo comigo? Estou ficando louco?" Quando o centro fala pela primeira vez, você não pode ter ideia do que ele é. Você nunca ouviu essa voz antes, nunca pensou que havia alguém dentro de você. Nunca pensou que alguma voz interna surgiria em você. Você ficou muito envolvido com o exterior, com as vozes que vêm do exterior, vozes dos pais, dos professores, dos sacerdotes.

Há um homem aqui que parece estar muito obcecado pela mãe. Faz perguntas continuamente – é o mesmo que perguntou sobre Eklavya. Agora também faz a pergunta: "Quem é maior, a mãe ou o Mestre? Se a mãe diz: 'Mate o Mestre!', então tenho que seguir a ordem de minha mãe? Ou se o Mestre diz: 'Mate sua mãe!', então a quem devo obedecer?"

Ele parece estar obcecado pela mãe. Terá de matar sua mãe. Isso é o que Jesus quer dizer quando diz: "A menos que você odeie seu pai, sua mãe e seus irmãos, não poderá me seguir". E há um caso registrado de uma profundidade ainda mais surpreendente.

> Um discípulo de Buda estava partindo. Estava indo a uma distante peregrinação, a fim de divulgar a palavra de Buda. Tocou os pés de Buda e esperou por sua bênção. Buda abençoou-o e disse aos presentes: "Olhem, irmãos! Este é um raro discípulo! E qual é sua raridade? Ele matou sua mãe e seu pai!"

Ele nunca havia dito algo semelhante. E ninguém jamais havia pensado que aquele homem pudesse matar seu pai e sua mãe. Ele era uma das pessoas mais silenciosas, mais pacíficas, mais amorosas que haviam visto. Era pura compaixão.

Alguém perguntou: "Não compreendemos. O que você quer dizer por matar seu pai e sua mãe?"

E Buda disse: "Exatamente isto: ele matou dentro de si a voz de seu pai e de sua mãe". Isso está profundamente enraizado em você.

Esse homem continua perguntando sobre a mãe e o Mestre... minha impressão é de que está com medo. Ele tornou-se um *sannyasin*, e agora está com medo de voltar para casa, está com medo de sua mãe. Ele está em grande tensão.

Uma vez escolhido um Mestre, tudo o mais deixa de ser relevante – mãe, pai –, nada é relevante. Se você não escolheu um Mestre, então eles são relevantes. O Mestre com certeza lhe dirá: "Mate seu pai e sua mãe!" – não literalmente... mas – psicologicamente.

E um dia o Mestre terá de lhe dizer: "Agora, mate-me também!"

Isso é o que Buda diz. Um dia ele valoriza esse homem: "Aqui está um raro *sannyasin*, um raro *bhikku*, que matou seu pai e sua mãe totalmente". E num outro dia diz: "Se você me encontrar no caminho, mate-me! Se algum dia eu estiver entre você e o supremo, mate-me, destrua-me!"

O Mestre deve ensinar duas coisas: primeiro deve ensinar a matar – matar sua mãe, seu pai, seus professores, seus sacerdotes – e um dia deve ensinar-lhe a matá-lo, para que você possa progredir em liberdade absoluta, para que o Mestre também não seja mais uma barreira.

Quando pela primeira vez o centro fala a você, com certeza haverá muito tumulto e caos, porque tudo que estava ajustado se tornará desajustado, o que estava estabilizado se tornará desestabilizado, o que lhe dava segurança deixará de dar e o que lhe era significativo deixará de ser. Tudo ficará confuso, porque em relação à realidade o centro tem uma abordagem totalmente diferente que a da circunferência. Quando o centro fala à superfície, com certeza haverá grande perturbação.

MoJud, trêmulo, foi até seu superior dizendo que tinha de partir.

Mas não há alternativa. Se você for uma pessoa de presença, se for uma pessoa meditativa e o centro falar com você e Khidr aparecer – *khidr* significa seu guia interno – e disser: "Agora faça isso!", se você for uma pessoa de presença, terá de fazer, apesar de si mesmo, ainda que contra si mesmo. E você sabe, muitos de meus *sannyasins* estão aqui apesar de si mesmos.

Ashoka, por exemplo, tem lutado comigo há anos para não se tornar *sannyasin*. Ele tornou-se *sannyasin*, teve que se tornar, mas a luta ainda está presente! O velho não se foi completamente. Existem momentos em que o velho surge e tenta tomar conta. Ele é *sannyasin* apesar de si mesmo! E há muitos assim; isso é natural, porque você está tão identificado com a circunferência que quando começa a ouvir a voz do centro, surge um problema: "A quem escolher, a mãe ou o Mestre, o professor ou o Mestre, o passado ou o presente? A quem escolher?"

Quando não existe a voz vinda do centro, não há necessidade de escolher. Existem algumas coisas, mas tudo está na superfície: que vestido usar hoje, a que cinema ir, que livro ler e que livro comprar – coisas assim, escolhas sem significado. Se você assistir a esse filme ou àquele, não faz diferença. Se usar esse vestido ou aquele, não faz diferença. Se você se apaixonar por essa mulher ou por aquela, por esse homem ou por aquele, não faz muita diferença.

Mas quando a voz do centro é ouvida, então você fica dividido entre dois mundos, dois mundos sem comunicação entre si. O abismo é enorme. Você fica fragmentado. Haverá um tremendo caos em você. Mas se você for um homem de meditação, somente então será capaz de absorver esse caos e obter alguma ordem a partir da desordem.

Daí minha insistência em meditação, porque a menos que você esteja em profunda meditação, não será capaz de me entender nem será capaz de me acompanhar.

Há pessoas – especialmente os indianos – que vêm aqui e dizem: "*Satsang* é suficiente. Queremos apenas estar em sua presença. Por que deveríamos meditar?" Elas não compreendem. Não podem estar em minha presença porque não estão presentes ainda! Elas não são *mojud*.

Simplesmente, sentar-se a meu lado não é um *satsang* verdadeiro, porque você pode pensar em mil e uma coisas sentado a meu lado. Você pode estar aqui fisicamente, e pode ser que, psicologicamente, não esteja aqui de modo algum. Você pode estar em qualquer outro lugar do mundo. Você pode estar em algum outro planeta. Isso não é *satsang*.

A menos que esteja presente aqui – não apenas física, mas psicologicamente também –, a menos que toda sua presença me envolva, a menos que de fato esteja aqui neste momento, conectado, ligado, só então o *satsang* acontece. Mas para acontecer, você terá de passar pelas meditações. Mas as pessoas são preguiçosas, querem Deus como um presente, sem ao menos tentarem se tornar dignas de recebê-lo.

Ele disse que tinha de partir.

Todos da cidade logo ficaram sabendo disso, e comentaram: "Pobre Mojud! Ele enlouqueceu!"

Isso é o que sempre se diz a respeito de um meditador. Lembre-se, será dito sobre você também. Já deve ter sido dito. "Pobre Mojud!", disseram. "Ele enlouqueceu!" – porque todo mundo pensa que é são. As pesoas não conseguem entender por que alguém deveria meditar. Para quê? Ficam perguntando constantemente à pessoa que medita, que ora: "Por que isso? Em que você está se envolvendo? Para quê? Por que está perdendo seu tempo sentado silenciosamente e contemplando seu umbigo? Não perca tempo! Tempo é dinheiro! Você pode fazer muitas coisas. Pode ter mais, pode possuir mais. Não perca tempo! O tempo perdido nunca é recuperado. E o que está fazendo sentado silenciosamente com os olhos fechados? Abra os olhos e vá competir no mundo! Este mundo é uma luta pela sobrevivência; aqueles que se sentam silenciosamente e meditam estarão perdidos. A única maneira de atingir alguma coisa é brigando. Seja agressivo! Não seja passivo!"

Lembre-se, há dois caminhos na vida: o da ação e o da não ação. O da ação acredita na ação, o da não ação acredita na receptividade. Meditação é o caminho da não ação, o que os chineses chamam *wei-wu-wei*, ação sem ação, ação por meio da não ação, fazer sem fazer coisa alguma, de modo algum. Meditação é o caminho da não-ação, e o mundo está repleto de pessoas que vivem em apenas um caminho, o da ação. E a pessoa que vive no caminho da ação não pode compreender o que se passa com a pessoa que entrou no caminho da não ação.

Agora Mojud está entrando no caminho da não ação. Isso é revolução. Isso é *sannyas*. Ele viu o mundo, atuou nele de diversas maneiras, fez muitas coisas, e agora sabe que se continuar fazendo essas coisas irá terminar como Inspetor de Pesos e Medidas. Isso não tem mais a menor atração para ele. Ele quer ver, quer ser, quer conhecer aquilo que é. Antes que a morte o leve, ele quer conhecer alguma coisa do imortal. Ele arrisca.

As pessoas por certo pensam: "Pobre Mojud! Ele enlouqueceu!"

Mas, como havia muitos candidatos para seu emprego, logo o esqueceram.

É assim que acontece. Se você se torna *sannyasin*, nos primeiros dias as pessoas pensam que você enlouqueceu, mas depois o esquecem. Elas têm mil e uma coisas em que pensar, não podem continuar pensando em você. Já o classificaram como louco – assim, você é louco. Então por que continuar pensando nisso? Se você renuncia, se escapa, se começa a se mover no caminho da não ação, no começo elas pensam sobre você, mas logo o esquecem, porque sempre há candidatos demais para seu lugar.

Quando você morre, seu lugar é imediatamente preenchido. Tudo que você tem no mundo, tem contra os outros. Eles estão apenas esperando pela sua morte. Você morre – sua casa será ocupada por outra pessoa, seu cargo será ocupado por outra pessoa, sua conta bancária estará no nome de outra pessoa. Eles estão apenas esperando. Na verdade, estão ficando preocupados: "Por que você ainda está aqui? Por que não se vai?" Todos aqui estão interessados na morte do outro, pois a vida é uma competição implacável, é uma competição mortal!

Assim, logo o esqueceram.

No dia marcado, Mojud encontrou-se com Khidr, que lhe disse:

"Rasgue suas roupas e atire-se na correnteza. Talvez alguém o salve".

Essas palavras têm um imenso significado.

Khidr diz:

"Rasgue suas roupas e atire-se na correnteza".

Isso é o que insisto em lhe dizer. A muitos é comunicado; apenas poucos ouvem. Muitos são chamados; apenas poucos vêm.

Agora, sem qualquer motivo ou razão, esse pobre Mojud vem e Khidr simplesmente diz: "Rasgue suas roupas e atire-se na correnteza".

Há alguns dias, uma bela mulher, Sharda, tornou-se *sannyasin*. No dia seguinte escreveu uma carta: "Foi rápido e eficiente"; disse que não estava pronta para se tornar *sannyasin*, que eu a seduzi ao *sannyas*. Naturalmente, mais tarde, deve ter sentido que foi seduzida por ele. Ela não deve ter vindo com um desejo consciente. O desejo inconsciente estava presente, caso contrário eu não a teria provocado. Mais tarde, porém, deve ter pensado: "O que aconteceu?" – ela havia se tornado *sannyasin*. E ela conhece muito bem o mundo, sabe muito bem como lidar com dinheiro, assim, naturalmente, é sábia nos jogos do mundo. Deve ter pensado que foi rápido e eficiente, que nem mesmo estava desejando se tornar *sannyasin*, e ela é uma *sannyasin* agora. Mas como é inteligente também, logo compreendeu que não fui eu quem a forcei ao *sannyas*. Eu estava apenas refletindo seu guia interno. É isso que eu faço. Um Mestre exterior nada mais é que um reflexo de *khidr*.

Você não pode compreender seu próprio guia interno, por isso o Mestre externo é necessário. E você não pode compreender seu próprio guia interno porque não conhece essa linguagem. Você não está de modo algum familiarizado com essas palavras, esses símbolos, essas metáforas, esses sussurros, esses sons. Está completamente inconsciente de como o guia interno lhe transmite sua mensagem. O Mestre externo é apenas uma tela na qual você projeta seu *khidr*. E o Mestre externo o ajuda a compreender seu Mestre interno. Quando você tiver compreendido perfeitamente seu Mestre interno, então o Mestre externo dirá: "Se você me encontrar no caminho, mate-me".

Khidr está dizendo isso a ele sem sequer o introduzir ao que irá acontecer, sem sequer o motivar ao que irá acontecer, sem mencionar o porquê, o porquê de rasgar suas roupas e se atirar na correnteza. Por quê?

Não existe um porquê. Se você vive com um Mestre, não há um porquê. Somente então você está com um Mestre.

> *"Rasque suas roupas*
> *e atire-se na correnteza..."*

E não apenas isso, ele também diz:

> *"... Talvez alguém o salve".*

Não há garantia também.

O Mestre sempre usa essa linguagem, a linguagem do talvez, porque se o Mestre disser que é garantido, então você não precisará confiar. Nesse caso, a garantia funcionará como sua confiança. Você confiará na garantia, não confiará na vida misteriosa e em seus processos misteriosos. O Mestre sempre diz: "Talvez".

As pessoas vêm a mim e perguntam: "Se nos tornarmos *sannyasins*, seremos capazes de nos iluminar?" Eu digo: "Talvez sim, talvez não. Quem sabe?" Tenho que usar esse "talvez". Tenho que lhe dar um sentimento de talvez, porque só então você será capaz de arriscar. Se for garantido, cem por cento garantido, então onde está o risco? E onde está a necessidade da confiança? Nada pode ser garantido, tudo permanece em aberto. E por isso que só aqueles que podem ousar, que têm coragem de ousar, entram no *sannyas*, entram na meditação, entram no caminho espiritual.

Mojud assim o fez,
mesmo suspeitando ter enlouquecido.

Você muitas vezes já não se perguntou: "O que estou fazendo aqui?" Sei que isto surge em sua mente com frequência: "O que estou fazendo aqui? Em que fui me meter? Para quê? O que estou fazendo aqui com esse homem maluco? E quem sabe, ele pode simplesmente ser um louco! E qual é a garantia de que ele é iluminado?"

Isso é natural. Mas aquele que confia, aquele que ama, segue em frente apesar de tudo isso. A mente vai continuar a persegui-lo como cães vadios latindo, mas pouco a pouco, se você não prestar muita atenção a ela e continuar em frente, esses cães serão deixados para trás. Seus latidos se tornarão cada vez mais distantes, e um dia, repentinamente, você estará só; a mente não estará mais presente. Esse dia será um dia de grande alegria.

Mojud assim o fez,
mesmo suspeitando ter enlouquecido.

Quem não suspeitaria? Isso parece tão absurdo! Ele deve ter ido lá pensando que Khidr lhe daria um vislumbre de Deus, ou lhe daria uma chave para abrir as portas do mistério, ou lhe mostraria tesouros ocultos ou alguma coisa. E agora, aqui está esse homem que diz: "Rasgue suas roupas e atire-se na correnteza. Talvez alguém o salve". Isso é tudo!

Mas Mojud assim o fez. Lembre-se, quando digo para você: "Salte na correnteza", a mente resistirá – é natural, sei disso. Mas se você puder fazê-lo, somente então algo será possível.

Mojud:
O Homem com a Vida Inexplicável
QUATRO

Estou falando sobre a correnteza da consciência interna

Como sabia nadar, não se afogou,
mas foi levado para bem longe,
até que um pescador o puxou para seu barco, dizendo:
"Homem tolo! A correnteza está forte.
O que está tentando fazer?"

"*Como sabia nadar...*" Sei que se você saltar na correnteza será capaz de nadar, porque nadar é um fenômeno natural. Não é necessário aprender. Não estou falando sobre a correnteza externa e o nadar. Nesse caso você pode se afogar. Estou falando sobre a correnteza da consciência interna, a correnteza da consciência. Se você saltar nela...

E é isso que se quer dizer, essa é a história paralela que você deve decodificar. Você sabe naturalmente. Alguma vez já viu algum peixe aprendendo a nadar?

Uma vez Mulla Nasruddin foi pego porque estava pescando num lugar onde a pesca era proibida. E o inspetor surgiu de repente, pegando-o em flagrante. Ele havia acabado de pegar um peixe. Jogou-o de volta imediatamente e continuou sentado ali, sem se perturbar.

O inspetor perguntou: "O que você está fazendo, Mulla?"

Ele disse: "Estou ensinando este peixe a nadar".

Ora, nenhum peixe precisa aprender a nadar; o peixe nasceu ali. Nadar é como respirar. Quem o ensinou a respirar? E não há necessidade de ter medo: se você estiver pronto para confiar, para pular na correnteza da sua consciência, saberá como nadar. O máximo que pode acontecer é você ser levado para bem longe, antes que um pescador o apanhe. No máximo pode ir à deriva, isso é tudo. Você não pode se afogar. Você pertence à consciência, é parte dessa correnteza.

O pescador disse:

*"Homem tolo! A correnteza está forte.
O que está tentando fazer?"
Mojud respondeu: "Eu, na verdade, não sei".*

Veja a beleza da resposta. Ele realmente não sabe o que está fazendo, pois não lhe foi dita a razão. Ele nem mesmo perguntou a Khidr: "Por que deveria pular na correnteza e por que deveria jogar minhas roupas? Qual o propósito disso?" Ele não perguntou pelo propósito. Isso é confiança, isso é o penetrar no desconhecido sobre o qual tenho falado continuamente. Isso é aventura, é uma mente desapegada, é coragem.

"Eu, na verdade, não sei", ele disse.

E ele é sincero, ele não sabe. Se você sabe e então faz alguma coisa, isso não é coragem. Se você sabe e então faz alguma coisa, isso não é confiança: você está confiando em seu conhecimento.

Há dois tipos de *sannyasins* aqui: um que pula na correnteza quando digo para ele ou ela pular; outro que pensa, reflete contempla a favor e contra, e então, um dia decide. Essa decisão está vindo de sua mente, essa decisão será apenas de seu próprio passado, de seu próprio condicionamento. Terei que trabalhar arduamente nele, porque ele perdeu a primeira oportunidade que lhe foi oferecida. Ele se apega ao ego. A primeira oportunidade estava aí, e as coisas teriam sido imensamente simples se tivesse só dado um salto. Há esse tipo de pessoas aqui também; a maioria é desse tipo.

Meu trabalho é basicamente para aquelas que simplesmente deram um salto, que não perguntaram por quê, que simplesmente olharam em meus olhos e sentiram um louco desejo, um louco anseio de ir comigo, de ir comigo sem saber onde isso irá terminar.

"*Você é louco*", *disse o pescador,*
"mas o levarei para minha palhoça ao longo do rio, e veremos o que pode ser feito por você".

Quando descobriu que Mojud era instruído, aprendeu a ler e a escrever com ele.
Em troca, Mojud ganhava comida
e ajudava o pescador em seu trabalho.
Depois de alguns meses, Khidr novamente apareceu, dessa vez aos pés da cama de Mojud, e disse: "Levante-se agora e deixe este pescador.
Suas necessidades serão supridas".

Agora as coisas estão mudando. Mojud está confiando, até mesmo o guia interno está mostrando respeito. Dessa vez apareceu aos pés da cama de Mojud – isso é mostrar respeito. Agora Mojud não é mais um homem comum: a confiança mudou-o, transformou-o. Ele é um homem corajoso, audaz, destemido – sem perguntar pelo motivo. Ele sabe como amar, sabe como penetrar no futuro sem carregar a carga do passado. O guia interno está mostrando respeito.

Khidr disse:

"Levante-se agora e deixe este pescador..."

É madrugada. As coisas estabilizaram-se agora, o pescador está muito feliz. Sempre que você estiver se estabilizando, o guia interno o desestabiliza novamente. Sempre que estiver se estabilizando, o Mestre o desestabiliza de novo. Porque não deve ser permitido que você se estabeleça em lugar algum antes de chegar a Deus, daí a constante mudança. Todos os lugares são estações no Caminho. Você pode permanecer por uma noite, mas pela manhã deve partir.

No meio da noite, Khidr diz: "Levante-se agora e deixe este pescador". E com um Mestre, é sempre agora, nunca amanhã. Teria sido muito mais fácil e mais compassivo dizer-lhe: "Pode descansar agora, mas amanhã de manhã deve partir". Mas é sempre agora! Para um Mestre, o único tempo que existe é agora e o único espaço que existe é aqui.

"Suas necessidades serão supridas."

Agora as coisas mudaram. Ele não diz: "Talvez suas necessidades sejam supridas".

Apenas essas pequenas nuanças nas palavras e você estará desvendando o mistério do conto. Primeiro ele havia dito: "Talvez alguém o salve". Agora diz: "Suas necessidades serão supridas".

O que mudou? A confiança que Mojud mostrou foi suficiente. Não há necessidade de dizer "talvez". Ele foi testado pelo "talvez" e provou seu valor. Agora as coisas podem ser ditas como são.

Na verdade, não há talvez. Se você medita, o *samadhi* é garantido. Se você se apaixona por um Mestre vivo, a iluminação é garantida. Não há talvez, mas o talvez tem que ser usado apenas para lhe dar a oportunidade de crescer em confiança. Uma vez que a confiança tenha crescido, não haverá necessidade do talvez.

Mojud:
O Homem com a Vida Inexplicável
CINCO

Você está aqui para aprender os caminhos da confiança

*M*ojud imediatamente abandonou a palhoça, vestido como um pescador, e perambulou até chegar a
uma estrada.

*Q*uando começou a amanhecer, viu um fazendeiro
montado num burro, a caminho do mercado.
"Você procura trabalho?", perguntou o fazendeiro,
"porque preciso de um homem para me ajudar a trazer
de volta algumas compras".

*M*ojud imediatamente abandonou a palhoça. Ele nem ao
menos pediu um tempo: "Posso ir amanhã. Para onde irei
agora à noite? Está tão escuro. E para que ir à noite, e para onde?"

*N*ão, simplesmente *abandonou a palhoça, vestido como
um pescador, e perambulou até chegar a uma estrada.
Quando começou a amanhecer, viu um fazendeiro montado
num burro, a caminho do mercado. "Você procura trabalho?", perguntou o fazendeiro, "porque preciso de um homem
para me ajudar a trazer de volta algumas compras."* Mojud
o seguiu.

É isso que acontece na jornada interior. Se você puder confiar,
uma coisa ou outra sempre acontecerá e ajudará seu cresci-
mento. "Suas necessidades serão supridas." Tudo aquilo que
for necessário numa determinada época ser-lhe-á dado, nunca
antes. Você o recebe somente quando precisa, e não há sequer
um único momento de atraso. Quando você o necessita, você
o recebe, imediata e instantaneamente! Essa é a beleza da confiança. Pouco a pouco você vai aprendendo como a existência
dá a você, como a existência cuida de você. Você não está vivendo em uma existência indiferente. Ela não o ignora. Você
está preocupado desnecessariamente; tudo é provido. Uma vez

que descubra a chave de perceber isso, toda preocupação desaparece.

Mojud o seguiu.
Trabalhou para o fazendeiro por aproximadamente dois anos, e durante esse tempo aprendeu muito sobre agricultura,
mas pouco sobre outras coisas.

Isso também acontecerá aqui.

Por exemplo, Asheesh pode ter aprendido muito sobre carpintaria, mas e sobre outras coisas? Krishna pode ter se tornado um guarda perfeito, mas e as outras coisas? Mukta pode ter aprendido muitas coisas sobre jardinagem, e Deeksha sobre culinária, mas e sobre outras coisas? E a ideia com certeza surgirá muitas vezes em sua mente: "O que estou fazendo aqui? Três anos se passaram e estou apenas limpando o chão. E a meditação?! E a iluminação?! E o supremo?! Vim para isso e estou apenas limpando o chão, lavando verduras ou aguando plantas! E o objetivo real?!"

Só a confiança sabe que enquanto você está limpando o chão, algo em você está sendo limpo também. Enquanto está aguando as plantas, alguém dentro de você está aguando seu ser também. Se você confia, tudo é possível; essa é a magia da confiança. Limpar é meditação, cozinhar é meditação, lavar é meditação. Meditação não é algo separado da vida; é uma qualidade que pode ser trazida para cada ato, e o ato é imediatamente transformado.

Uma tarde, quando estava enfardando lã, Khidr apareceu para ele, dizendo:
"Deixe esse trabalho,
vá para a cidade de Mosul
e use suas economias para se tornar um comerciante de peles".

Isso é o que acontece aqui. Madhuri trabalha na biblioteca. Um dia, de repente, recebe a mensagem: "Deixe a biblioteca. Agora você vai fazer um outro trabalho". Se a confiança estiver presente, não haverá raiva, não haverá perturbação, porque você não está aqui para ficar na biblioteca, ou na cozinha, ou nisso e naquilo. Todas essas coisas são estratégias! Você está aqui para aprender os caminhos da confiança.

"Deixe esse trabalho, vá para a cidade de Mosul e use suas economias para se tornar um comerciante de peles."

Ele nunca havia sido comerciante de peles, mas obedeceu.

Mojud obedeceu.

Esta é a definição de discípulo: aquele que simplesmente obedece.

Mojud:
O Homem com
a Vida Inexplicável
SEIS

Somente ao vivê-lo você o conhecerá

*Em Mosul ficou conhecido como comerciante de peles, nunca vendo Khidr durante os três anos em que exerceu seu comércio.
Havia economizado uma grande soma em dinheiro e estava pensando em comprar uma casa,
quando Khidr apareceu e disse: "Dê-me seu dinheiro, saia desta cidade e caminhe até a distante Samarkand, e lá trabalhe para um merceeiro".*

Mojud assim o fez.

Isso acontecerá com você também, muitas vezes – este conto é seu conto. Você está vivendo no mundo de um sufi. É por isso que disse para você ouvir este conto o mais profundamente possível – deixe-o penetrar em você!

Ele havia economizado uma grande soma de dinheiro e, naturalmente, estava pensando em comprar uma casa. E por três anos nada ouviu de Khidr. No momento em que você começa a pensar em comprar uma casa – isso significa o momento em que você começa a pensar em se estabilizar – o Mestre vem e o desestabiliza. Se não tivesse pensado sobre a casa, pode ser que Khidr não aparecesse. Mas no momento em que tinha o dinheiro, a possibilidade de se tornar um proprietário, de comprar uma casa e estabelecer-se para sempre...

Com um Mestre você nunca pode se estabelecer para sempre, em nada. O Mestre tem de continuar transformando você. No momento em que você sentir que suas raízes estão se aprofundando no solo, será desarraigado. No momento em que sentir: "Agora aprendi este trabalho e estou executando-o com eficiência", seu trabalho será mudado – porque não é esse o propósito quando você vive num campo de budas. O propósito é mantê-lo constantemente inseguro; assim, um dia, você aprende a segurança da insegurança; assim, um dia, você aprende a beleza da incerteza; assim, um dia, você deixa de pensar em se estabilizar e a própria peregrinação torna-se seu objetivo. Quando a jornada em si é o objetivo, então sua vida é a vida de um *sannyasin*.

*Khidr apareceu e disse:
"Dê-me seu dinheiro..."*

Ele havia ganhado dinheiro, havia trabalhado durante três anos continuamente, e todas as esperanças são destruídas. E não apenas o dinheiro lhe foi tirado, foi-lhe ordenado que caminhasse "até a distante Samarkand, e lá trabalhe para um merceeiro". Mojud assim o fez.

*Logo começou a mostrar
indiscutíveis sinais de iluminação.*

Isso é natural. Se você confia tanto, quanto tempo pode permanecer no escuro? Se há tamanha confiança, quanto tempo pode permanecer comum? Coisas extraordinárias começaram a acontecer ao redor dele.

*Logo começou a mostrar
indiscutíveis sinais de iluminação.*

Ele se tornou luminoso. Curava os doentes, ajudava seu companheiro na loja durante suas horas vagas e seu conhecimento dos mistérios tornava-se cada vez mais profundo.

Enada lhe havia sido ensinado! Entenda bem isto: nada lhe havia sido ensinado, nenhuma informação lhe havia sido dada, mesmo assim seu insight sobre os mistérios estava aumentando. Não apenas isso, ele próprio havia se tornado misterioso.

Agora as pessoas eram curadas pelo seu toque, agora as pessoas podiam ver algo circundando-o, uma aura. Agora, quando as pessoas vinham a ele, podiam sentir que estavam perto de uma energia muito, muito tranquila. Vinham com mil e uma preocupações e, de repente, essas preocupações desapareciam. Sentadas ao lado de Mojud, começavam a sentir algo religioso. Mistérios mais profundos estavam acontecendo.

Lembre-se: conhecimento, informação, tudo isso é emprestado. A verdadeira religião nunca acontece como conhecimento, mas como revelação. O conhecimento é o esforço do homem para saber a respeito da realidade. A revelação é de Deus... não do homem. Sempre que alguém está confiando o suficiente, Deus se revela, abre seus mistérios.

Esses mistérios não são desvendados em razão de sua curiosidade, esses mistérios são desvendados por causa de sua confiança. O conhecimento resulta da curiosidade, a sabedoria resulta da revelação.

Agora a fragrância começou a se espalhar.

Sacerdotes, filósofos e outros que o visitavam perguntavam: "Com quem você estudou?"

Isso é o que a pessoa tola sempre pergunta: "Com quem você estudou?" Sacerdotes, teólogos, filósofos, professores, eruditos, pessoas instruídas – eles só conhecem uma forma de saber: o conhecimento. "De quem você obteve esse conhecimento? Quem lhe informou? Quem foi seu professor?" Eles não sabem que há um modo de saber diametralmente oposto, a verdadeira maneira de saber: ninguém lhe dá conhecimento algum, você simplesmente se torna cada vez mais silencioso, receptivo, cada vez mais feminino e suave, e de repente coisas começam a ser reveladas a você, vindas de alguma energia desconhecida. Não há professor. A própria vida torna-se a mestra.

Mojud dizia: "É difícil dizer com quem estudei. Não estudei com ninguém. Não estudei, absolutamente; não sou um homem instruído! Isso certamente aconteceu. Conheci certas coisas, mas não sei de quem. Quem tem penetrado meu ser? Por onde o além tem me penetrado? Eu não sei de nada."

"*É difícil dizer...*"

Mojud:
O Homem com a
Vida Inexplicável
SETE

A própria vida torna-se a mestra

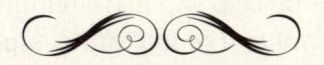

Seus discípulos perguntavam:
"Como você começou sua carreira?"
Ele respondia: "Como funcionário público".

Ora, isso é irrelevante. Eles não estão perguntando como começou a ganhar o pão. Estão perguntando: "Como começou a se tornar um grande santo?"

Mas ele diz: "Isso eu não sei. Tudo que sei é que eu era um funcionário público numa cidade e que teria terminado como Inspetor de Pesos e Medidas".

Então os discípulos tentavam:

"E você abandonou o cargo para se dedicar à automortificação?"

"**N**ão, simplesmente abandonei."

Veja bem: se você dá alguma coisa com o objetivo de obter algo em troca, isso não é renúncia. Se você renuncia o mundo para entrar no céu, isso não é renúncia; isso é simplesmente negociar. Você está sendo astuto, esperto, calculista.

Ele diz: "Não, simplesmente abandonei. Não havia realmente uma razão para abandonar. Na verdade, foi quase uma loucura. Tinha um profundo desejo de alcançar algo. Não abandonei por coisa alguma, simplesmente abandonei."

Eles não compreendiam...

Porque sem motivação, como você pode fazer alguma coisa?

A confiança sabe como fazer sem motivação.

Pessoas aproximavam-se dele para escrever a história de sua vida.

Pouco a pouco ele se tornou famoso.

"O que você já fez na vida?", elas perguntavam.

Ouça a resposta. É uma das mais belas.

*"Pulei num rio,
    tornei-me pescador,
depois deixei sua palhoça no meio da noite.
Então, tornei-me camponês.
Enquanto enfardava lã,
mudei e fui para Mosul,
onde me tornei comerciante de peles.
Lá, economizei algum dinheiro, mas me desfiz dele.
Então caminhei para Samarkand onde trabalhei para um merceeiro.
E aqui estou agora."*

Ora, que tipo de vida espiritual é essa?

Mojud:
O Homem com a
Vida Inexplicável
OITO

A espiritualidade é uma dádiva.
Ela surge para aqueles que confiam, ela acontece
para aqueles que amam, e que amam imensamente

"Mas esse comportamento inexplicável nada esclarece sobre suas estranhas dádivas e maravilhosos exemplos", disseram os biógrafos.

"Isso é verdade", disse Mojud.

Ele concorda totalmente: "Isso é verdade". Ele também está perplexo, porque nada fez especificamente para se tornar espiritual. Fazer algo específico para se tornar espiritual é uma forma certa de perder a espiritualidade.

A espiritualidade é uma dádiva. Surge para aqueles que confiam; acontece para aqueles que amam e que amam imensamente, sem motivação. Acontece para os corajosos, para aqueles que têm uma grande aspiração de viver perigosamente.

Então os biógrafos construíram para Mojud uma maravilhosa e excitante história;
porque todos os santos devem ter suas histórias,

e a história deve ser
de acordo com o apetite do ouvinte,
e não com a realidade da vida.

É assim que todas as histórias do mundo foram criadas.

Jesus não nasceu de uma virgem; essa é a história criada para satisfazer o apetite dos ouvintes. Ele tem que ser especial, somente então as pessoas se sentirão felizes – seu Mestre é especial. Desse modo, todas as religiões do mundo fabricam histórias, ficções. Elas não são verdadeiras. Existem para satisfazer seu apetite. "Como pode Jesus simplesmente nascer do útero de uma mulher? Como pode Jesus nascer sexualmente? Ele tem que ser extraordinário." E a realidade é que Jesus era uma das pessoas mais comuns, e assim era Buda, e assim era Krishna.

Mas se você escuta as histórias, ninguém é comum. Há muitos milagres. Coisas que não deveriam acontecer nem podem acontecer, acontecem. Essas histórias são simplesmente fabricações para satisfazer seu desejo de sensações. Por trás dessas histórias, as vidas reais perderam.

A pessoa de fato extraordinária é aquela que vive de um modo completamente comum, porque como você pode viver extraordinariamente se o seu ego desapareceu? No momento em que o ego se vai, você passa a ter uma vida muito comum. Os Mestres Zen dizem: "Cortamos a lenha, carregamos água do poço. Que maravilhoso! Que esplêndido?" Cortar madeira, maravilhoso? Carregar água de poço, esplêndido? Sim, é.

Assim, os biógrafos criaram histórias para Mojud. Isso é o que eles têm feito ao longo dos tempos, através dos tempos – tudo falsificação. Você não conhece o verdadeiro Jesus, não conhece o verdadeiro Buda.

Todo meu esforço aqui é trazer-lhe a verdade, trazer-lhe as histórias reais. É por isso que estou ofendendo a todos. Os jainistas ficam ofendidos porque falo sobre Mahavira como ele era, e não de acordo com suas ficções. Eles ficam ofendidos. Suas ficções são que Mahavira nunca transpirou – num país como a Índia! Que certa vez uma cobra mordeu Mahavira, e em vez de sangue, leite saiu de seu corpo. Se em vez de sangue, leite circula em seu corpo, breve ele se tornará coalhada.

Isso é uma tolice tão grande! Mas as pessoas têm que criar essas histórias, têm que tornar soberbo seu próprio Mestre. Mahavira nunca urinou, nunca defecou. Deve ter tido um terrível mau cheiro. Mas essas são histórias e esse é o caso com todo grande Mestre. Os biógrafos satisfazem seu apetite, encarregam-se de satisfazer sua necessidade de sensações, mas então, tudo se torna falso.

Os cristãos estão furiosos comigo porque falo sobre Cristo como se ele fosse um homem. Ele é, mas todos os homens são divinos, assim ele é divino! Todos os animais são divinos, assim ele é divino. Ele ser divino nada tem de especial. Essa é uma qualidade muito, muito comum da existência.

A existência está repleta de Deus, preenchida com Deus, transbordando Deus.

Os muçulmanos estão furiosos. Os hindus estão muito furiosos. Por que essas pessoas estão com raiva de mim? A raiva delas é porque estou destruindo suas ficções, e elas se tornaram apegadas demais a essas ficções. Lembre-se, se você quiser ver a verdade, terá que ser capaz de destruir todas as ficções. Nunca acredite em nenhuma ficção, porque somente a verdade liberta.

E a ninguém é permitido falar diretamente Khidr. É por isso que este contato não é verdadeiro.

E agora a beleza dos sufis... Eles dizem que mesmo este conto não é verdadeiro, porque a ninguém é permitido falar diretamente de Khidr.

O guia interno é tão sutil que não pode ser expresso com palavras, assim, tudo que é dito é apenas simbólico.

> *É por isso que este conto não é verdadeiro.*
> *Esta é uma representação de uma vida.*

Ele é simplesmente simbólico, uma parábola. Simplesmente indica algo. É um indicador.

> *Esta é a vida real de um dos maiores sufis.*

A vida real é apenas representada figurada, simbólica e metaforicamente.

Este conto não é para ser entendido literalmente. É um conto sobre a confiança. Não aconteceu exatamente assim, não precisa acontecer exatamente assim. Ele é apenas uma imagem. Lembrando-se disso, você terá um vislumbre da verdadeira vida de confiança. E estamos tentando viver esta parábola aqui.

Este é seu conto. Entre neste conto – não apenas em suas palavras, mas em seu significado. E viva este conto. Somente ao vivê-lo você *o* conhecerá.

Apêndice Um

Copyright © 1978, 2009, OSHO International Foundation. www.osho.com/copyrights

Direitos autorais das imagens/arte de Prem Puja; © OSHO International Foundation.

© 2022, Madras Editora Ltda.

Todos os direitos reservados.

Título original em inglês: **Mojud: The Man With The Inexplicable Life.**

Este livro é uma transcrição de um trecho de uma série de palestras originais chamada *Wisdom of the Sand*, vol.2, dadas por Osho a uma plateia ao vivo. Todas as conversas de Osho foram publicadas na íntegra como livros e também estão disponíveis como gravações de áudio originais. As gravações de áudio e o arquivo de texto completo podem ser encontrados através da Biblioteca OSHO on-line em www.osho.com

OSHO® é uma marca registrada da Osho International Foundation, <www.osho.com/trademarks>.

[Todas as fotos, imagens de Osho ou obras de arte pertencentes ou protegidas pela OIF e fornecidas pela OIF precisam de uma permissão explícita da Osho International Foundation].

Apêndice Um (continuação)

Para mais informações:
<www.OSHO.com>, um site multilíngua abrangente, incluindo uma revista, livros do OSHO, palestras do OSHO em formatos de áudio e vídeo, o arquivo de texto *on-line* da Biblioteca OSHO em inglês e hindi, além de uma extensa informação sobre OSHO Meditações. Você também encontrará um calendário dos programas da OSHO Multiversity e informações sobre o OSHO International Meditation Resort.
Sites:
<http://OSHO.com/AllAboutOSHO >
 http://OSHO.com/Resort >
<http://www.youtube.com/OSHOinternational >
<http://www.Twitter.com/OSHO>
<http://www.facebook.com/ páginas / OSHO Internacional>
Para entrar em contato com a OSHO International Foundation:
<www.osho.com/oshointernational>
E-mail: oshointernational@oshointernational.com

Sobre Osho

Osho despreza a categorização. Suas milhares de palestras cobrem tudo sobre a busca individual pelo significado para os problemas sociais e políticos mais urgentes que a sociedade enfrenta hoje. Os livros de Osho não são escritos, e sim são transcritos de gravações de áudio e vídeo de suas palestras de improviso para o público internacional. Como ele diz: "Então lembre-se: tudo o que estou dizendo não é apenas para você ... Eu também falo para as futuras gerações". Osho foi descrito pelo *Sunday Times* em Londres como um dos "Mil Criadores do Século Passado", e pelo autor americano Tom Robbins como "o homem mais perigoso desde Jesus Cristo". O *Sunday Mid-Day* (Índia) elegeu Osho como uma das dez pessoas – juntamente com Gandhi, Nehru e Buda – que mudaram o destino de Índia. Sobre seu próprio trabalho, Osho disse que está ajudando a criar condições para o nascimento de um novo tipo de ser humano. Ele muitas vezes caracteriza esse novo ser humano como "Zorba, o Buda", – capaz de desfrutar os prazeres terrenos de um Zorba, o Grego, e a serenidade silenciosa de um Gautama, o Buda. Percorrer como um fio através de todos os aspectos das palestras e meditações de Osho é uma visão que abrange a sabedoria intemporal de todas as eras passadas e o grande potencial da ciência e tecnologia modernas (e de amanhã). Osho é conhecido por sua contribuição revolucionária à ciência da transformação interior, com uma abordagem de meditação que reconhece o ritmo acelerado da vida contemporânea. Suas meditações ativas OSHO originais são projetadas para liberar primeiro os estresses acumulados do corpo e da mente, de modo que é então mais fácil ter uma experiência de quietude e relaxamento sem pensamento na vida diária.

Duas obras autobiográficas do autor estão disponíveis:

Autobiografia de um Místico Espiritualmente Incorreto, Planeta.

Vislumbres de uma Infância Dourada, Planeta.

Sobre o Resort de Meditação

RESORT INTERNACIONAL DE MEDITAÇÃO OSHO
Localização
Localizado aproximadamente 160 quilômetros a sudeste de Mumbai, na próspera cidade moderna de Pune, na Índia, o OSHO International Meditation Resort é um destino de férias com um diferencial. O Meditation Resort está espalhado por 28 hectares de jardins espetaculares em uma bela área residencial arborizada.

OSHO Meditações
Um cronograma diário completo de meditações para cada tipo de pessoa inclui métodos tradicionais e revolucionários, particularmente a OSHO Active Meditations™. As meditações ocorrem no maior espaço de meditação do mundo, o auditório OSHO.

OSHO Multiversity
As sessões individuais, os cursos e as oficinas envolvem tudo, desde artes criativas até saúde holística, transformação pessoal, relacionamentos e mudança de vida, transformando a meditação em um estilo de vida para o cotidiano e o trabalho,

as ciências esotéricas e a abordagem "Zen" para esportes e recreação. O segredo do sucesso da OSHO Multiversity reside no fato de que todos os seus programas são combinados com meditação, apoiando a compreensão de que, como seres humanos, somos muito mais do que a soma de nossas partes.

OSHO Basho Spa

O luxuoso Basho Spa oferece natação ao ar livre, em piscina cercada de árvores e plantas tropicais. Há jacuzzi de estilo único e espaçoso, saunas, academia, quadras de tênis ... tudo isso é realçado por uma paisagem maravilhosamente linda.

Cozinha

Uma variedade de diferentes tipos de alimentação que servem deliciosas comidas vegetarianas indianas, asiáticas e ocidentais – a maior parte dela é cultivada organicamente especialmente para o Meditation Resort. Pães e bolos são assados na própria padaria do resort.

Vida noturna

Há muitos eventos noturnos para escolher – danças estão no topo da lista! Outras atividades incluem meditações ao luar sob as estrelas, shows de variedades, apresentações musicais e meditações para a vida diária.

Ou você pode simplesmente curtir conhecer pessoas no Plaza Café, ou caminhar na serenidade noturna dos jardins desse ambiente de contos de fadas.

Lojas

Você pode comprar produtos de necessidades básicas e artigos de higiene na Galleria. A OSHO Multimedia Gallery vende uma grande variedade de produtos de mídia OSHO. Há também um banco, uma agência de viagens e um Cyber Café no *campus*. Para aqueles que gostam de fazer compras, a Puna oferece todas as opções, que vão desde produtos tradicionais e étnicos indianos até todas redes de lojas internacionais.

Alojamento

Você pode escolher ficar nos quartos elegantes da OSHO Guest house, ou para estadias mais longas no *campus*, você pode escolher um dos pacotes do programa OSHO Living-In. Além disso, há uma abundante variedade de hotéis e flats com serviços disponíveis.

<www.osho.com/meditationresort>
<www.osho.com/guesthouse>
<www.osho.com/livingin>

Cronograma 'A'

OSHO

Osho comenta neste trabalho trechos que provavelmente vêm de: *Wisdom of The Idiots, Idries Shah*, Publ.: The Octagon Press, Inglaterra, ©, 1969, Por Idries Shah.

MADRAS® Editora

Para mais informações sobre a Madras Editora,
sua história no mercado editorial
e seu catálogo de títulos publicados:

Entre e cadastre-se no site:

www.madras.com.br

Para mensagens, parcerias, sugestões e dúvidas, mande-nos um e-mail:

marketing@madras.com.br

SAIBA MAIS

Saiba mais sobre nossos lançamentos,
autores e eventos seguindo-nos no facebook e twitter:

@madrased

/madraseditora